Tu cuerpo maravilloso

Piel

por Imogen Kingsley

Bullfrog Books

Ideas para padres y maestros

Bullfrog Books permite a los niños practicar la lectura de texto informacional desde el nivel principiante. Repeticiones, palabras conocidas y descripciones en las imágenes ayudan a los lectores principiantes.

Antes de leer

- Hablen acerca de las fotografías. ¿Qué representan para ellos?
- Consulten juntos el glosario de fotografías. Lean las palabras y hablen de ellas.

Durante la lectura

- Hojeen el libro y observen las fotografías. Deje que el niño haga preguntas. Muestre las descripciones en las imágenes.
- Lea el libro al niño, o deje que él o ella lo lea independientemente.

Después de leer

- Anime a que el niño piense más. Pregúntele: ¿Qué le pasa a tu piel cuando te acaloras? ¿Qué le pasa cuando hace frío? ¿Cómo piensas que tu piel te ayuda a controlar tu temperatura corporal?

Bullfrog Books are published by Jump!
5357 Penn Avenue South
Minneapolis, MN 55419
www.jumplibrary.com

Library of Congress Cataloging-in-Publication Data

Names: Kingsley, Imogen, author.
Title: Piel / por Imogen Kingsley.
Other titles: Skin. Spanish
Description: Minneapolis, MN: Jump!, Inc., [2018]
Series: Tu cuerpo maravilloso
"Bullfrog Books are published by Jump!"
Audience: Ages 5–8. | Audience: K to grade 3.
Includes index.
Identifiers: LCCN 2017002903 (print)
LCCN 2017004782 (ebook)
ISBN 9781620318195 (hardcover: alk. paper)
ISBN 9781624966415 (ebook)
Subjects: LCSH: Skin—Juvenile literature.
Human physiology—Juvenile literature.
Classification: LCC QM484 .K5618 2018 (print)
LCC QM484 (ebook) | DDC 612.7/9—dc23
LC record available at https://lccn.loc.gov/2017002903

Editor: Jenny Fretland VanVoorst
Book Designer: Molly Ballanger
Photo Researcher: Molly Ballanger
Translator: RAM Translations

Photo Credits: age fotostock: Swell Media, 7. Alamy: IAN HOOTON/SPL, 20–21. iStock: kali9, 18; Tanaphong, 19. Shutterstock: Levent Konuk, cover; JPC-PROD, 1; pakornkrit, 3; eveleen, 4; Asier Romero, 4, 5; smolaw, 5; Africa Studio, 6–7; Gelpi, 6–7; Melle V, 8–9; denniro, 10; 3445128471, 11; Kvitka Fabian, 14–15; John99, 16–17; Pakhnyushchy, 20–21; crystal light, 22; 3Dalia, 23tl; Sebastian Kaulitzki, 23bl; Warut Chinsai, 24. SuperStock: Blend Images, 12–13.

Printed in the United States of America at Corporate Graphics in North Mankato, Minnesota.

Tabla de contenido

Muchos trabajos

¿Cuál es el órgano más grande del cuerpo?

¡La piel!

Alguna gente tiene piel oscura.

Alguna gente tiene piel clara.

Otros tiene un poco de ambas.

La piel tiene muchas funciones.

Contiene las partes del cuerpo.

Mantiene fuera la suciedad y los gérmenes.

Mantiene a tu cuerpo a la temperatura adecuada.

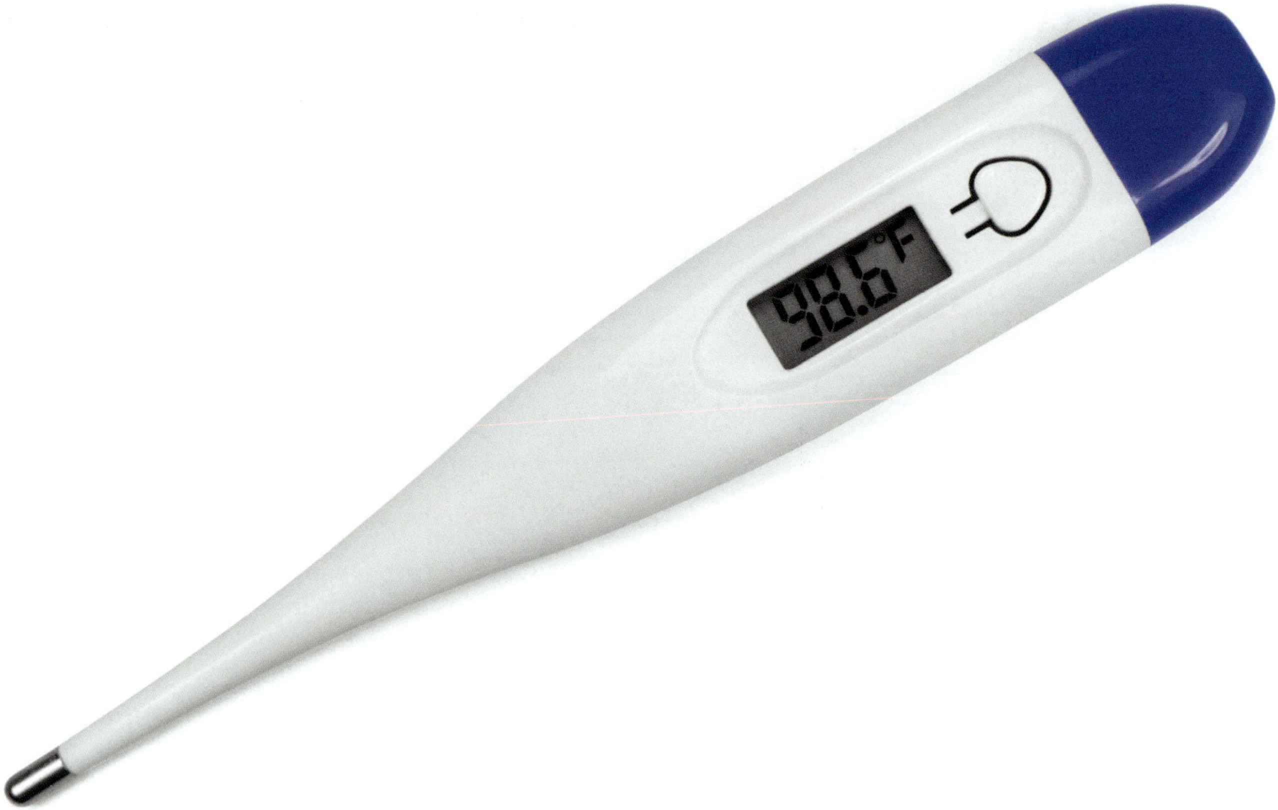

Hace calor.
Dinesh suda.
Se refresca.

Jo tiembla.

Ella tiene frío.

piel de
gallina

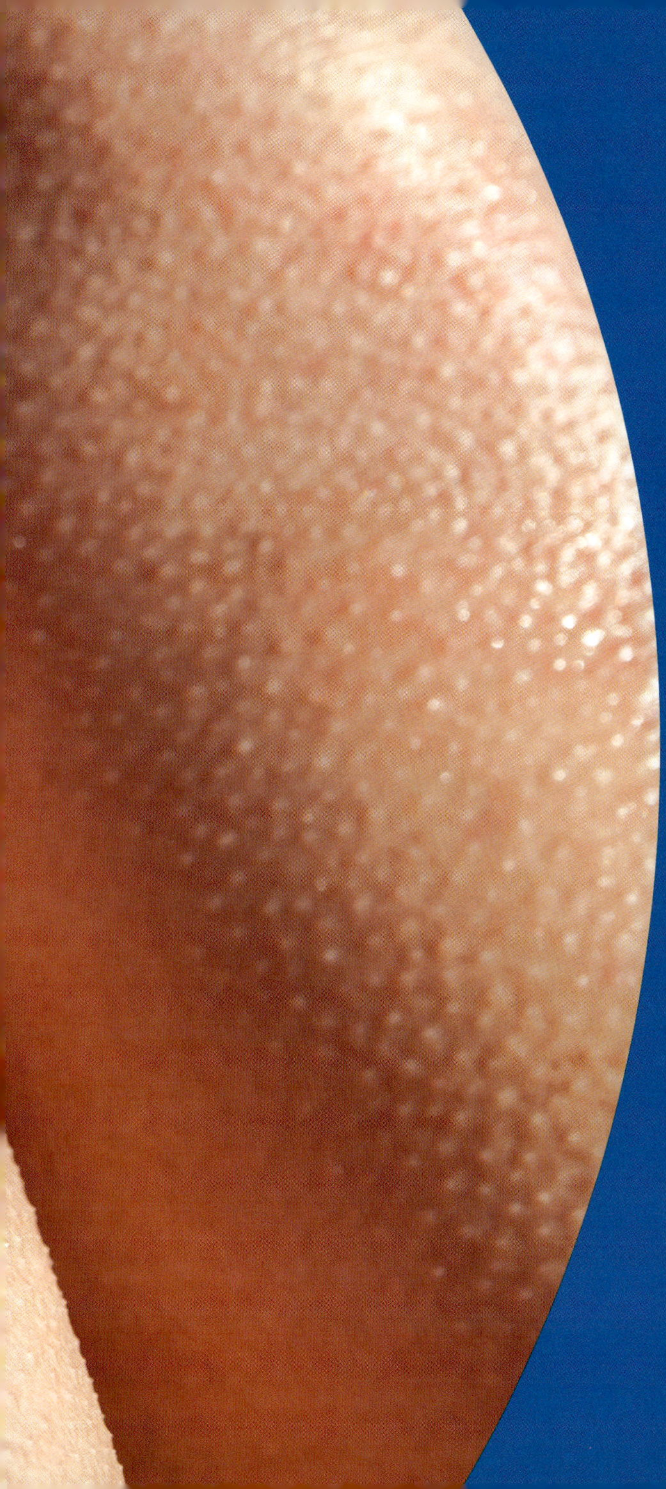

Los pelos en su piel se erizan.

¡Mira!

Hacen que la piel se ponga de gallina.

Así la mantienen caliente.

La piel te da el sentido del tacto.

Trabaja con tu cerebro y tus nervios.

¿Está duro o blando?

¿Está caliente o frío?
Tu piel te lo deja saber.

¡La piel es asombrosa!

Partes de la piel

Tu piel tiene tres capas. Tú puedes ver la capa superior. Pero muchas cosas suceden bajo la superficie.

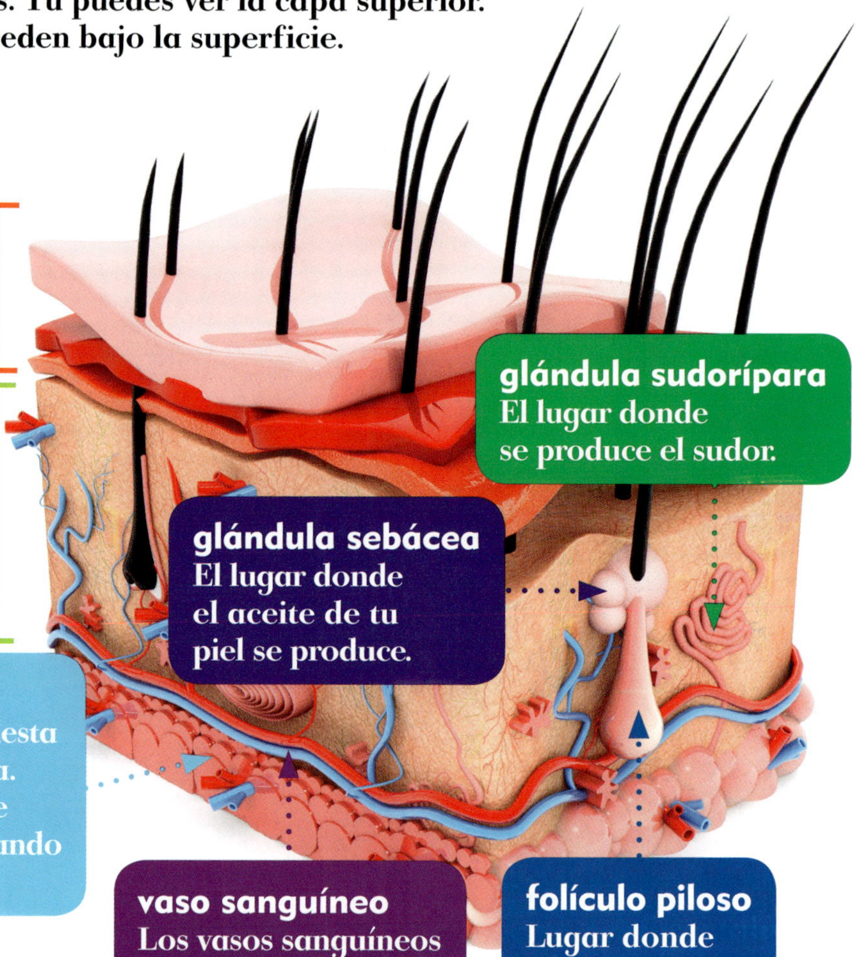

Glosario con fotografías

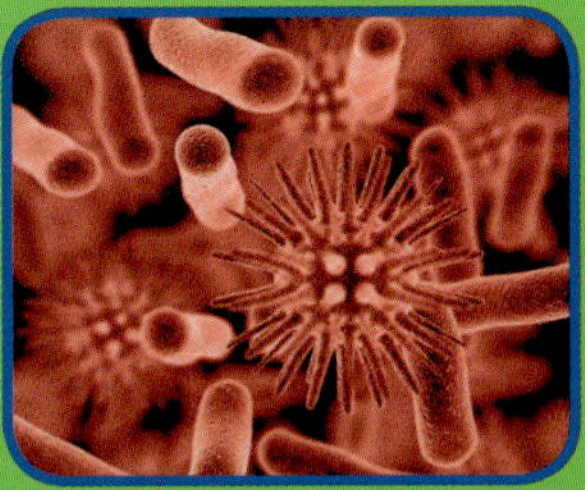

gérmenes
Pequeños organismos que pueden enfermarte.

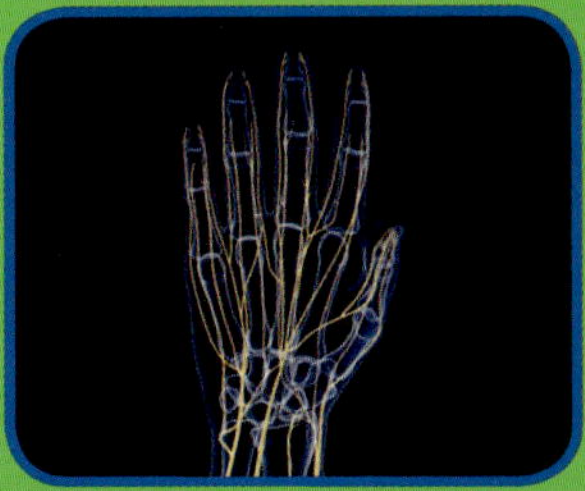

nervios
Partes pequeñas en tu cuerpo que llevan mensajes al cerebro y otras partes de tu cuerpo.

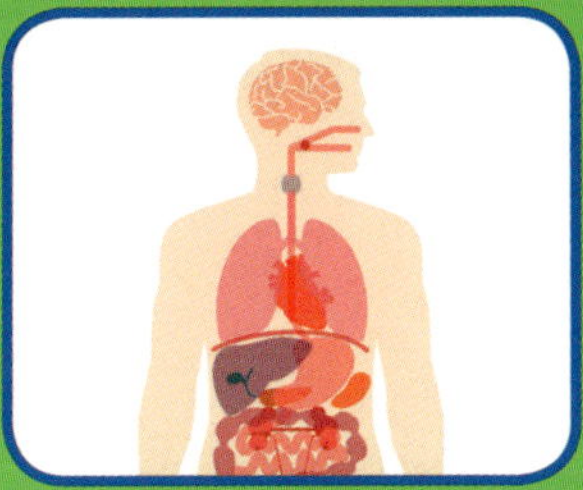

órgano
Una parte del cuerpo que tiene una función específica (el estómago, el cerebro, etc.).

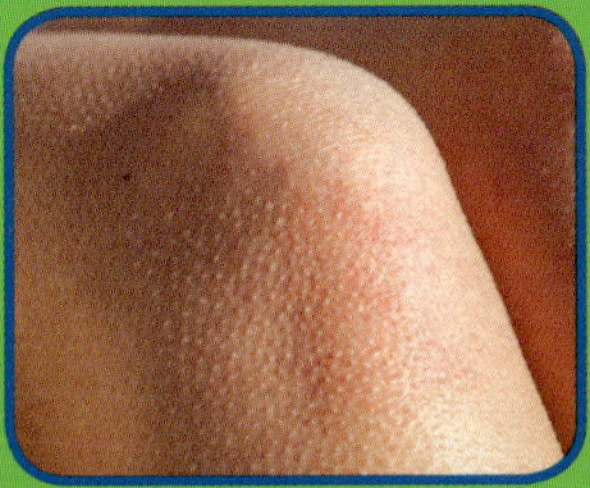

piel de gallina
Una rugosidad de la piel, generalmente causada por el frío.

temblar
Agitarse con movimientos involuntarios y de poca amplitud.

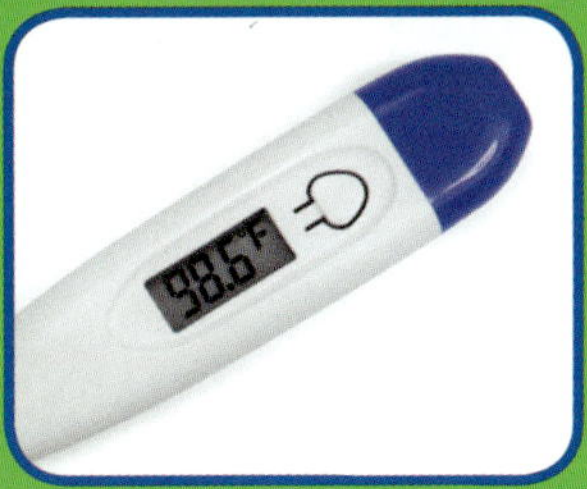

temperatura
Qué tan caliente o frío es algo.

Índice

Para aprender más

Aprender más es tan fácil como 1, 2, 3.

1) Visite www.factsurfer.com
2) Escriba "piel" en la caja de búsqueda.
3) Haga clic en el botón "Surf" para obtener una lista de sitios web.

Con factsurfer.com, más información está a solo un clic de distancia.